Petit Grounch à l'école

Yak Rivais

Petit Grounch à l'école

Mouche

l'école des loisirs

11, rue de Sèvres, Paris 6e

Loi numéro 49.956 du 16 juillet 1949 sur les publications
destinées à la jeunesse : avril 1987
Dépôt légal : juin 1998
Imprimé en France par Mame Imprimeurs à Tours

OUNCH

G

Bonjour ! Je m'appelle Grounch. J'ai 7 ans. J'aime pas l'école. Quand je dis que « j'aime pas l'école », maman me reprend et dit : « Je **n**'aime pas l'école. »

Moi je lui réponds : « Moi non plus. »

Elle s'explique : « Ce n'est pas ce que je voulais dire. Je voulais dire qu'on ne dit pas : *j'aime pas l'école*, mais : *je* **n**'*aime pas l'école.* »

« Moi non plus. »

« Tu n'as pas compris, petit Grounch. Quand tu dis : *j'aime pas l'école,* ce n'est pas correct, tu comprends ? C'est pas français. »

Alors je corrige, car elle vient de faire une faute de langage à son tour : « Ce **n**'est pas français. »

Maman réfléchit. Puis elle dit : « Tu as raison. »

« Je sais bien que j'ai raison de ne pas aimer l'école. »

« Tu ne sais pas ce que c'est ; tu n'y es encore jamais allé. »

« Ça ne fait rien. On m'en a parlé. Je veux pas y aller. »

« Je **ne** veux pas y aller », dit maman.

« Moi non plus. »

Maman me réveille.
«C'est l'heure de l'école, petit Grounch.»
«Je ne veux pas y aller.»
«Tu iras quand même.»
«Ça m'intéresse pas.»
«Ça **ne** m'intéresse pas.»
«Moi non plus.»
Je me retourne dans mon lit. Maman ouvre les draps.
Elle insiste: «Il est l'heure, petit Grounch. Debout!»
Je proteste: «Ça ne sert à rien d'aller à l'école.»
«Tu apprendras à lire et à écrire», dit maman.
«Ça ne sert à rien de savoir lire et écrire.»
«Ça te servira quand tu seras grand», dit

maman. « Le jour où tu voudras m'écrire, quand tu seras loin, par exemple au service militaire, tu seras bien heureux de le faire sans réclamer l'aide de quelqu'un. »

« Je ne t'écrirai pas, je te téléphonerai. »

« Habille-toi tout de même », dit ma mère.

Me voilà en route pour l'école. C'est triste. Maman serre ma main parce que j'ai déjà essayé trois fois de prendre la fuite. Elle me remorque sans pitié.

Je proteste: «Je ne veux pas y aller, à *ton* école!»

«Tu apprendras à compter», dit maman.

«Ça ne m'intéresse pas, ça ne sert à rien.»

«Tu crois cela?» demande maman.

Elle s'arrête au milieu du trottoir. Elle ouvre son porte-monnaie. Dans la main gauche, elle prend une pièce blanche; et dans la main droite, elle prend trois pièces jaunes.

Elle me demande: «Choisis, petit Grounch. Qu'est-ce que tu préfères que je te donne? La pièce blanche toute seule ou les trois pièces jaunes?»

Tu parles! Je n'hésite pas: «Les pièces jaunes! Il y en a davantage!»

Alors maman éclate de rire. «La pièce blanche vaut un franc», dit-elle. «Les pièces jaunes valent dix centimes chacune: trente centimes à elles trois. Si tu savais compter, tu saurais qu'un franc vaut cent centimes, et que pour faire un franc, je devrais te donner dix pièces jaunes. Tu vois? A quoi ça sert de savoir compter?»

Je fais la grimace. Et je me laisse entraîner vers l'école: je ne veux plus jamais me faire rouler.

La cour de l'école est pleine de grounches et de grounchesses qui attendent. Certains ont l'air content d'être là, mais ils ne sont pas nombreux. Il y en a davantage qui affichent grise mine. Maman me présente à un grounch de l'âge de papa, qui porte une paire de lunettes.

« C'est le maître du cours préparatoire », me dit-elle. « Dis bonjour, petit Grounch ! »

« Bonjour ! »

« Comment t'appelles-tu ? » me demande le maître.

« Grounch. »

« Es-tu content de venir à l'école ? »

« Pas du tout ! »

« Eh bien », dit le maître en riant et en baissant la voix, « je vais te faire une confidence : moi non plus ! Je ne suis pas content d'être ici alors qu'il fait si beau dehors, mais hélas ! les vacances sont finies. » Il soupire. « J'aurais préféré rester à la campagne ! »

« Moi aussi », dis-je en soupirant comme lui.

« Tant mieux ! Comme ça, nous serons au moins deux dans la classe à avoir envie d'être ailleurs ! Ça nous aidera peut-être à bien nous entendre ! »

Je fais la connaissance de trois grounches dans la cour.

« Comment que tu t'appelles ? » me demande le premier, un costaud.

« Je ne m'appelle pas, je n'ai pas besoin de m'appeler, je sais toujours où je suis quand j'ai besoin de moi. »

« Mais non », me dit le costaud. « Je te demande ton nom. »

« Je m'appelle Grounch. Et toi ? »

Le costaud s'appelle Brounch. Il est plus vieux que moi. Il a un œil poché parce qu'il s'est battu.

« J'ai donné la raclée à un copain », dit-il.

Puis il me présente ses deux camarades : « Lui, c'est Prounch. L'autre, c'est Trounch. »

Il explique : « Prounch est un rigolo. Il raconte des blagues. Et Trounch a toujours des bonbons. »

C'est la vérité. Trounch tire un bonbon de sa poche pour moi. Je le prends. « Merci. »

« Alors ? » me dit Brounch. « T'as pas l'air content d'être ici ? »

« Non. Je n'ai pas envie d'apprendre à lire, à écrire et à compter. »

Les trois autres font la grimace.

« Il va pourtant falloir », dit Brounch. « Sinon, il nous arrivera des malheurs. C'est mon père qui me l'a dit. » Il baisse la voix : « Quand il était petit, sa maîtresse lui donnait des coups de règle sur les doigts. »

« Il n'avait qu'à enfiler des gants », dit Prounch en riant. « Hi-Hi-Hi ! »

Trounch n'est pas rassuré. Il parle la bouche pleine de bonbons : « Ils ne vont tout de même pas nous fusiller ? »

Brounch hausse les épaules. Il n'est sûr de rien.

« J'aime mieux apprendre à lire qu'être fusillé », dis-je.

« Moi aussi », dit Prounch.

Et Trounch nous redonne un bonbon.

Vous voulez une histoire de Prounch ? Il m'en a raconté une vingtaine.

« Qu'est-ce que c'est qu'un pneu qui s'envole ? » il disait.

« Je ne sais pas. »

« C'est un pnœud papillon ! Hi-Hi-Hi ! »

« Tu as une bonne amie ? » me demande Brounch.

« Non », lui dis-je. « Ça ne sert à rien. »

Trounch est bien de mon avis : « Quand on

a une bonne amie», s'écrie-t-il, «il faut toujours lui donner des images et des bonbons! J'aime mieux les garder!»

«D'accord», admet Brounch. «Mais quand tu as une bonne amie, elle te fait des sourires, et même quelquefois elle t'embrasse.»

«Comme notre mère?» demande Prounch.

«Pareil», dit Brounch.

«Alors», dis-je, «ça ne sert à rien d'avoir une bonne amie. Il suffit de demander à notre mère.»

Prounch et Trounch sont bien de mon avis. Mais pas Brounch.

«Qu'est-ce qu'il fait, ton père?» me demande Brounch.

«Il est inventeur.»

«Qu'est-ce qu'il a inventé?»

«Des tas de choses. C'est un savant.»

«Quoi, par exemple?»

«Par exemple, la planche à roulettes *sans* roulettes, pour les enfants timides qui ont peur de se casser la figure. Par exemple aussi, l'auto à huit roues: quatre au plancher, et quatre sur le toit. Quand l'auto dérape et fait un tonneau, elle continue de rouler quand même au lieu de s'écraser.»

«C'est super!»

«Il a inventé aussi les boîtes de conserves à compartiments pour isoler les sardines. Et la brosse à dents-brosse à chaussures. D'un côté, elle fait brosse à dents, et de l'autre, brosse à chaussures. C'est pratique. Tu gagnes du temps le matin : tu peux te brosser les dents et les souliers en même temps. »

Les copains sifflent d'admiration.

« Dis donc ! » fait Brounch. « Ton père, c'est un génie ! »

« Je vous emmènerai le voir dans son atelier un de ces jours. »

Prounch nous pose une devinette. Il en connaît des dizaines. D'ailleurs, il rit toujours le premier. J'avoue ne pas forcément comprendre ce qu'il veut dire.

«Hé, les grounches ? Savez-vous pourquoi les jardiniers ne vont jamais à la pêche sans une bouteille d'huile ?»

«Non.»

«Parce qu'ils pêchent des jardines à l'huile ! Hi-Hi-Hi !»

Je n'ai pas compris.

Il répète : «Des jardines ! Andouille ! Des jardines à l'huile !»

Je le regarde avec des yeux ronds. Il rit de plus belle.

Voilà qu'une sonnerie retentit. Elle ressemble à une sirène, mais j'ai beau regarder partout, je ne vois pas de pompiers.

« C'est la sonnerie pour entrer en classe », me dit Brounch qui est mieux informé que moi. « Il faut nous aligner par deux devant la porte du préau. »

Je me mets avec Trounch parce qu'il a les bonbons. Et Brounch reste avec Prounch, qui lui raconte une histoire drôle à voix basse. Je les entends rire tous les deux.

Devant et derrière nous, d'autres petits grounches et grounchesses attendent sans bouger, deux par deux.

Le maître s'approche. Il nous regarde. Il nous compte. Il fait une drôle de tête parce qu'on est nombreux. Forcément, lui, il est tout seul.

Et nous avançons ! J'ai peur ! J'avancerais bien à reculons ! Je filerais volontiers vers la porte de sortie, maman est sûrement encore dans la rue !

« Ne fais pas ça ! » me chuchote Brounch.

« Pourquoi ? »

« Il ne faut pas. »

Il a peur sans savoir pourquoi. Il n'écoute même pas une nouvelle histoire drôle de Prounch. Moi, je regarde la cour derrière nous : elle se vide, les parents s'en vont. Ils n'ont même pas honte de nous abandonner comme ça dans un endroit qu'on ne connaît pas, avec des gens qui sont peut-être dangereux ! Si c'est pas malheureux !

Trounch me donne un bonbon. Il voit que le maître nous a vus. Alors, timidement, il lui offre un bonbon à lui aussi. Le maître le prend en disant merci avec le sourire. Puis il nous dépasse à grandes enjambées pour rattraper les premiers du rang. Trounch a eu peur.

Moi, je le rassure : « Quelqu'un qui aime les bonbons », dis-je, « ne peut pas être tout à fait méchant. »

Brounch n'est pas de mon avis : « Moi, mon père mange mes carambars. Et il me fiche aussi des raclées ! »

3 septembre la rentrée

Dans la classe, je découvre un mobilier comme je n'en avais encore jamais vu : ce sont de drôles de petites tables à deux places avec des casiers dessous. Je m'assieds à une table avec Trounch, je dépose mon cartable à mes pieds. Devant nous, j'observe une grande plaque noire en bois fixée au mur.

« C'est un tableau », me chuchote Brounch

qui s'est assis devant nous en compagnie de Prounch.

« A quoi ça sert ? » lui demandé-je tout bas.

« A écrire des lettres », répond-il.

« Des lettres ? »

Franchement, je me demande comment on peut envoyer des lettres aussi grandes et aussi lourdes par la poste. Et je me demande comment on peut les plier. Il faudra que j'en parle à papa : sûrement, ça lui donnera des idées.

Le maître s'est assis à un bureau en face de nous et il se présente : « Je m'appelle Monsieur Mrounch. Je suis votre instituteur. Ensemble, cette année, nous apprendrons à lire, à écrire, à compter, mais aussi à dessiner, à chanter ; nous ferons de la gymnastique, nous irons visiter des musées, nous irons voir des marionnettes, et même, si ça vous intéresse, nous monterons un petit spectacle théâtral pour la fête de l'école. J'espère que nous nous entendrons bien. »

Personne ne répond. Moi, je trouve qu'il y a des choses intéressantes dans le programme qu'il vient d'annoncer. Je croyais qu'on était ici seulement pour apprendre à lire, écrire et compter, et ça ne m'enthousiasmait pas. Tandis que le reste…

Le maître a repris la parole : « Il ne faut pas avoir peur de moi, vous savez. Je ne vous mangerai pas. Je ne mange jamais les petits grounches sans moutarde. »

Ça me rassure. Tant qu'on ne verra pas de pot de moutarde sur son bureau, il n'y aura pas de danger.

Le maître nous a distribué des petites feuilles blanches. Il nous a proposé de faire un dessin pour commencer le travail. Moi, j'aime bien dessiner. Le maître veut que nous représentions un bongrounch. Je sors mes stylos-feutres de ma trousse, et je me mets à l'ouvrage. Je tire la langue. Les camarades travaillent eux aussi ; il y en a un qui chantonne, il a oublié où il était. Tout de suite, je remarque que Trounch, mon voisin, n'est pas doué pour le dessin. Son bongrounch ressemble à une patate : ça me fait rire. Le maître s'approche. Il regarde nos dessins. Il me demande ce qui m'amuse.

« C'est le bongrounch de Trounch », dis-je. « On dirait une patate. »

Tous les autres rient. Le maître considère la patate de Trounch.

« On peut encore l'arranger », dit-il.

« Comment ? » demande Trounch piteusement.

« Dessine-lui des bras et des jambes. Et une tête. »

Trounch se remet à dessiner. Je crois qu'il n'est pas doué, et que rien ne l'intéresse à part les bonbons. Le maître soupire. Et puis il observe mon dessin par-dessus mon épaule.

« Toi, tu dessines bien », me dit-il. « Très bien même. On fera quelque chose de toi si les petits cochons ne te mangent pas. »

Il montre mon dessin à la classe, et tout le monde l'admire. Il y a même une grounchesse qui le trouve « splendide ». Oui, c'est ce qu'elle a dit : « splendide », j'ai retenu le mot. Elle m'a regardé en me faisant un grand sourire, qui m'a rendu tout bizarre, comme si on m'avait chatouillé l'intérieur du ventre. Tout à l'heure, dans la cour, je pensais que ça ne valait pas le coup d'espérer le sourire des grounchesses, mais maintenant, je suis moins sûr de moi. Le sourire de cette grounchesse-là me fait de l'effet. Je n'arrive plus à regarder ailleurs. Je trouve la grounchesse jolie, avec ses cheveux blonds, et même, elle me paraît très gentille. J'ai envie de dessiner des tas de beaux bongrounches pour lui plaire et pour qu'elle répète que c'est « splendide ». Je m'étais trompé. Des sourires de grounchesses comme ça, ce n'est pas la même chose que ceux de notre maman. Et je trouve que ça vaut la peine qu'on donne des images et même des bonbons pour les recevoir.

Prounch raconte à voix basse une histoire à Brounch, et ça les fait rire. Prounch se retourne pour me la raconter.

« C'est une devinette », me dit-il. « Qu'est-ce que c'est qu'un wapide ? »

Moi, je cherche. Un wapide ? C'est peut-être une bête. Je ne sais pas.

Prounch ricane. Il me donne la réponse avec un drôle d'accent : « Un wapide, c'est un twain qui woule twès vite ! Hi-Hi-Hi ! »

Je me suis renseigné. La grounchesse s'appelle Drounchette et son père est médecin. Je le connais. C'est lui qui est venu me guérir de la grippe. Il est gentil. Et moi, puisque c'est comme ça, je serai médecin comme lui quand je serai grand, pour plaire à Drounchette.

« Il faudra que tu apprennes à lire », me souffle Brounch en se retournant.

« Tu crois ? »

« Sûr ! Et même à écrire ! Pour *digérer* les ordonnances ! » (Il veut dire : pour *rédiger* les ordonnances.)

« Inutile de savoir écrire », dis-je alors. « Les médecins écrivent tous très mal ; personne n'arrive jamais à les lire. Je ferai comme eux. »

Mais Brounch hoche la tête avec pessimisme. « Ça ne marchera pas. Comment que tu feras pour reconnaître les médicaments ? »

« Je demanderai à maman. »

« Ta maman, elle ne sera plus avec toi quand tu seras grand », me rétorque Brounch en haussant les épaules.

Il a peut-être raison. Mais je ne me laisse pas démonter pour si peu.

« Je demanderai à... » commencé-je.

Mais je me tais subitement. J'allais dire : je demanderai à Drounchette. Mais je réalise que si je lui demande de me lire les boîtes de médicaments, elle se moquera de moi au lieu de me trouver « splendide ». C'est pourquoi je me tais. Mais j'ai pris dans ma tête une résolution : je vais apprendre à lire, et vite fait !

Prounch se retourne, à propos de médecin. Il rit d'avance des bêtises qu'il va raconter.

Il chuchote: «Tu connais l'histoire du médecin qui soignait un berger qui avait la varicelle?»

«Non.»

«Il lui demandait où était son troupeau de boutons! Hi-Hi-Hi!»

Le maître a punaisé nos dessins sur le mur pour décorer la classe.

«Quand il y aura des dessins partout», dit-il, «vous verrez comme ce sera agréable. Nous nous sentirons bien chez nous. Et même, nous ne nous apercevrons plus qu'il y a des murs.»

«On croira que c'est la campagne», dit Drounchette.

Je me sens rougir. Comme cette grounchesse-là est intelligente! Alors je prends mon courage à deux mains, et je déclare: «Je dessinerai la mer! Comme ça, on se croira en vacances ou en voyage!»

«Bravo!» s'écrie le maître. «Moi qui aime

tellement les vacances, je me croirai toujours en été!»

Je suis content. Et je suis encore plus content parce que Drounchette m'envoie un de ces sourires, mes amis, comme un coup de bâton sur la tête! Je reste étourdi. Je ne sais plus où je suis. J'ai l'impression de m'envoler dans une montgolfière multicolore et je monte très haut, très haut au-dessus des nuages, si haut qu'il faut que le maître m'appelle trois fois pour que je l'entende.

«Petit Grounch», me dit le maître. «Ne t'en va pas tout seul dans la lune. Emmène-nous...»

«Heu... Je... Je...»

Je bredouille. Tout le monde rit, et Drounchette aussi. Je ne veux plus qu'on rie à mes dépens: je ne m'envolerai plus en ballon.

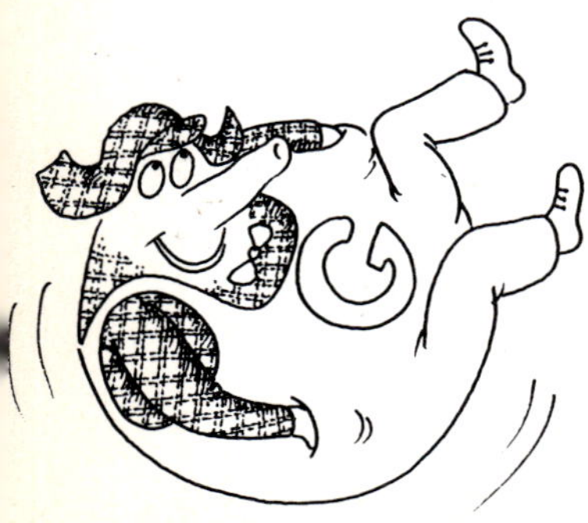

« Nous allons apprendre l'alphabet », a dit le maître. « Est-ce que l'un de vous le connaît déjà ? »

Un grounch a levé le doigt. Le maître l'a prié de le réciter. Le grounch a dit à toute vitesse une suite de sons que je n'ai même pas compris. J'ai retenu le début – mais pas le reste. C'était : a-bé-cé-dé. Je ne sais pas ce que ça veut dire. Mais quand le grounch s'est arrêté, le maître l'a complimenté. Et Drounchette lui a fait un sourire. Ah non ! Je ne veux pas qu'elle sourie à un autre ! Je déteste !

« Apprenons ensemble l'alphabet », a proposé le maître. « Nous verrons qui apprendra le plus vite. »

Il s'est mis à répéter les mêmes sons que le grounch, mais plus lentement. Il en a dit cinq ou six et il s'est arrêté. Il nous a demandé de répéter. Ce n'était pas difficile. Alors il a continué. Il en a dit un peu plus, et nous avons encore répété les sons après lui. Puis il est allé plus avant. Nous avons répété. Mais au fur et à mesure que le nombre de lettres grandissait, il y avait moins de grounches et de grounchesses capables de répéter après le maître. Beaucoup tombaient en panne de mémoire. A la fin, le maître a récité l'alphabet entier, et il a demandé qui se sentait capable de l'imiter. Nous n'étions que trois à lever le doigt (en plus du grounch qui savait déjà l'alphabet). Il y avait un grounch frisé, qui s'appelait Frounch ; il y avait Drounchette ; et il y avait moi.

C'est Frounch qui a commencé. Il a dit : « ABCDEFGHIKLMNOPQRSTUVXYZ. »

Le maître a dit : « C'est bien. Mais tu as oublié J et W. »

Puis ce fut le tour de Drounchette : « ABCDEFGHIJKLMNOPQRSTUVWXY... »

Et elle hésitait. Alors j'ai soufflé pour l'aider : « Z... Z... Z... »

« Ne souffle pas », m'a dit le maître.

Drounchette n'était pas contente.

« J'aurais trouvé toute seule ! Pourquoi m'a-t-il soufflé ! »

J'ai compris que je l'avais blessée. Qu'elle aurait été heureuse de réussir la première, mais qu'à cause de moi elle avait échoué. J'avais du chagrin. Je m'en voulais.

« A ton tour, Grounch », m'a dit le maître.

J'ai démarré à toute allure car je savais cet alphabet sur le bout du doigt à présent : « ABCDEFGHIJKLMNOPQRS... »

Et soudain je me suis interrompu. « Si je récite l'alphabet entièrement », pensai-je, « Drounchette sera malheureuse. » Pourtant, je connaissais la fin : « TUVWXYZ ». Mais j'ai pris l'air bête et j'ai dit : « Je ne sais pas. »

Le maître m'a demandé : « Tu ne *sais* pas la suite, ou tu ne *veux* pas la réciter ? »

« Je ne sais pas. »

J'ai jeté un coup d'œil à Drounchette, et j'ai vu qu'elle souriait de nouveau, puisque c'était elle qui avait le mieux récité.

Alors j'ai souri.

Et j'ai répété: «Je ne sais pas.»

Le maître a hoché la tête en souriant. Il a posé sa main sur ma tête, et il a murmuré: «Tu es un bon petit grounch, petit Grounch.»

Et il a félicité Drounchette. J'étais content pour elle.

A dix heures, nous sommes descendus en récréation. Moi, je ne savais pas ce que ça voulait dire. C'est Brounch qui m'a expliqué : « A dix heures, on descend dans la cour pour que le maître aille boire un café dans la salle des maîtres. »

« Tu crois ? »

« Oui ! »

« Et qu'est-ce qu'on va faire pendant ce temps-là ? »

« On ira pisser », me dit Brounch. « Et après, on jouera à tape-tape dans la cour. »

« Est-ce qu'on aura aussi du café ? » a demandé Trounch.

« Non ! C'est réservé aux maîtres », a dit Brounch. « Pour les empêcher de s'endormir en classe. »

« Ah, bon ! »

« Ce serait rigolo, pourtant », a remarqué

Prounch, «si le maître s'endormait en classe. Il tomberait de son siège par terre. Il lui faudrait une ceinture de sécurité.»

«Il n'y en a pas dans les écoles», a expliqué Brounch qui sait vraiment tout. «Dans aucune école.»

«Et pourquoi?» ai-je dit.

«Parce que ça coûte trop cher et parce qu'il n'y a pas de crédits», a dit Brounch. «C'est à cause du gouvernement.»

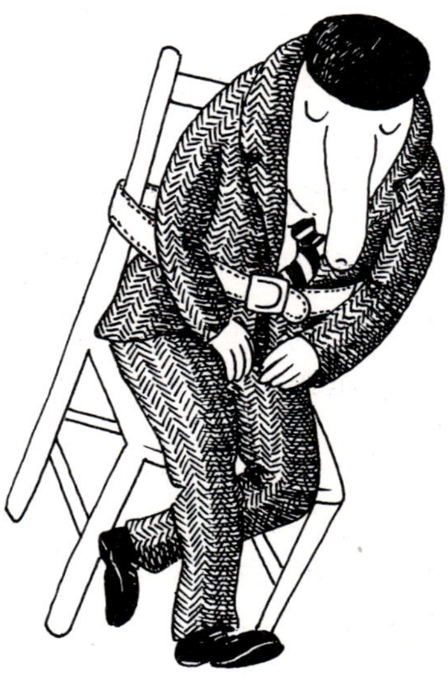

Je n'ai pas envie de jouer. Je me suis adossé à un arbre. Brounch me rejoint. Il a les yeux au beurre noir maintenant, parce qu'il a télescopé un garçon du CM2. Il n'a plus envie de jouer non plus. On s'assoit par terre. On trace des signes dans la poussière avec des brindilles tombées de l'arbre. On observe les grounchesses qui jouent à l'élastique. Je regarde Drounchette, elle est souple et fine, elle me plaît beaucoup.

« Toi, t'es amoureux », me dit Brounch.

« C'est quoi, amoureux ? » demandé-je.

« Amoureux », dit-il, « c'est quand tu veux être avec une grounchesse et que ça te fait tout drôle de la voir. »

Je réfléchis.

« Je dois être amoureux », dis-je.

« T'as tort Totor ! » me dit Brounch. « Ceux qui sont amoureux ont l'air idiot. Ils se ramollissent. Ils ne sont jamais là quand on leur parle. »

« Je dois être amoureux », dis-je. « Je me sens un peu comme ça. »

« T'as tort Totor ! » répète Brounch. « Les grounchesses, elles sont toutes les mêmes. Elles té font des sourires par-devant, et elles se foutent de toi par-derrière. Tu verras ! »

« Tu as déjà été amoureux, Brounch ? »

« Des dizaines de fois ! » qu'il s'exclame. « Mais c'est bien fini ! Je préfère mon chien ! »

La sonnerie retentit de nouveau. Cette fois, je ne me demande pas s'il y a le feu quelque part. Je m'approche de la porte du préau, et je me mets en rang avec Brounch. Je lui donne la main. Il n'a pas de bonbons, comme Trounch, mais il sait toujours des tas de choses. Tandis que Trounch ne s'intéresse à rien. C'est un ruminant. Moi, je suis curieux et j'aime bien qu'on me renseigne.

Je demande à Brounch : « Pourquoi qu'il ne faut pas parler sur les rangs ? »

« Parce que c'est interdit. »

« Et pourquoi que c'est interdit ? »

« Parce que la récréation est finie. »

J'insiste : « Pourquoi qu'on a le droit de parler pendant la récréation, et pas après ? »

« Parce que c'est comme ça », me répond Brounch avec agacement.

Je crois qu'il ne connaît pas la raison. Je préfère m'adresser directement au maître, pendant que nous montons l'escalier : « Maître ? Pourquoi qu'on peut parler en récréation, et pas après ? »

Le maître éclate de rire.

Puis il crie : « Arrêtez-vous ! »

La classe s'arrête dans l'escalier.

Le maître nous dit : « Essayez de parler tous ensemble ! Allez-y ! Parlez-vous ! »

Alors, tout le monde essaie de parler, mais personne ne sait plus quoi se dire maintenant que c'est autorisé.

« Parlez ! Parlez donc ! » nous encourage le maître. « Dites n'importe quoi ! Dites votre nom, votre âge ; dites si vous avez des frères et sœurs ! Parlez tous ensemble ! »

On se met à parler tous ensemble et ça fait un sacré vacarme ! Je me bouche les oreilles avec mes mains. Le maître, lui, a déjà levé la sienne pour attirer notre attention. Peu à peu, nous nous taisons tous.

Quand le silence est revenu, le maître me

demande : « Est-ce que tu as compris, petit Grounch ? »

Je secoue la tête de haut en bas. J'ai compris.

On s'est installés en classe et on a bien rigolé parce que plusieurs élèves ne se rappelaient plus où était leur place. Ils sont restés plantés debout devant les tables avec l'air ahuri. L'un même était allé s'asseoir à la place d'un autre, et ils se disputaient. Alors le maître nous a proposé de faire un plan. Il nous a demandé si nous voulions bien. Moi je voulais bien, je ne sais pas ce que c'est.

Mais Brounch s'est retourné et m'a chuchoté, d'un air pessimiste : « Quand on aura un plan, plus personne ne se trompera de place, et on ne pourra plus rigoler. »

Prounch est hilare. Il me dit : « Tu connais l'histoire de l'Africain qui venait à Paris et qui demandait partout un blanc du métro ? Hi-Hi-Hi ! »

Il est intarissable.

Nous avons fait le plan. Il y a trois rangées de tables à deux places, et dans chaque rangée se trouvent quatre tables. Il y a une rangée de tables à gauche et une rangée de tables à droite ; la troisième est au milieu. C'est la plus facile à retrouver parce que les rangées de droite et de gauche changent de place sans arrêt. Si vous les regardez de devant, celle de gauche est à gauche, et celle de droite à droite. Mais si vous vous placez derrière, celle de gauche est à droite, et celle de droite à gauche. Seule celle du milieu ne change pas. C'est compliqué !

Je me suis situé sur le plan. Je suis à la deuxième table de la rangée de gauche quand on regarde la classe de front. J'occupe la place gauche. (Quand on regarde de dos, je suis à droite. Je me demande comment fait le maître pour s'y retrouver). Nous avons reçu un plan muet polycopié : nous avons marqué notre place dessus. Quelques élèves se sont trompés ; l'un s'est même dessiné dans l'armoire ! On a beaucoup ri. Le maître faisait semblant de l'envoyer à sa place en ouvrant la porte de l'armoire. Il ne voulait pas l'y enfermer (d'ailleurs, il n'y a pas de place, c'est plein de livres). Mais Brounch s'est retourné et il m'a dit : « C'est affreux d'enfermer quelqu'un dans un placard ! »

J'ai répondu : « Le maître ne veut pas l'enfermer. Il fait semblant, pour rire. »

Mais Brounch n'était pas convaincu.

« Ce ne serait pas le premier ! » a-t-il dit.

Je pense qu'il exagère. Je pense, tout compte fait, qu'il ne sait pas autant de choses que je croyais.

Nous avons collé les plans dans nos cahiers. J'ai vu un élève qui mangeait de la colle ; il trouvait ça bon. Les autres riaient. Moi, j'aime mieux les gâteaux. Nous avons encore bien ri parce que celui qui croyait que sa place était dans le placard s'était mis de la colle plein les cheveux. Ça lui faisait une tête de punk. Il s'appelle Wrounch, il n'a pas l'air futé. Mais le maître nous a demandé de ne pas nous moquer de lui. Il nous a priés de l'aider au contraire parce qu'il ne parle pas le grounch. Il arrive d'un autre pays, et il est déboussolé.

Wrounch, je l'ai dit, avait l'air d'un punk Alors Prounch s'est tourné vers moi pour me faire rire.

« Tu sais comment s'appelle un punk qui lit beaucoup ?»

« Non. »

« C'est un punk de 4 livres ! Hi-Hi-Hi !»

Comme il nous restait dix minutes, le maître nous a proposé de chanter. Il nous a appris une chanson amusante. Je l'ai retenue :

Dans le Grinch-Granch-Grounch,
Où les chats font Bang
Et les chattes disent Pim-Pam-Poum,
Y a un 'popotame
Qui mange des bananes,
Les grounches disent : Grinchi-Grancha-Grounch !

Il fallait faire des gestes en chantant. Si vous venez me voir, je vous montrerai.

A onze heures et demie, nous avons quitté la salle de classe en rangs par deux. Le maître nous a dit de nous habiller. Il a dit que c'était l'heure d'aller manger. Ceux qui restent à la cantine se sont placés en tête, parce qu'ils ne prenaient pas la même direction que les autres. Je me suis mis avec ceux de la cantine. J'ai quelque appréhension, vu que je ne suis jamais allé dans une cantine.

Ce que dit Brounch n'est pas fait pour me rassurer : « Tu verras ! C'est infect ! On mange des patates et des fayots ! »

« C'est quoi, des fayots ? »

« Ben, c'est des fayots. »

« Ce n'est pas bon ? »

« Ça fait péter », dit Brounch. « Cet après-midi, tu verras, il y a plein de grounches qui péteront en classe ! »

« On va rigoler », a confirmé Prounch.

Et il a fait entendre un grand bruit de pet, imité avec sa bouche, et il faisait semblant de ne pas pouvoir supporter une mauvaise odeur. Il grimaçait et se pinçait le nez.

« Remarque », a continué Brounch, « on n'aura peut-être pas des fayots. Si c'est des nouilles, personne ne pète. »

« Et si c'est des lentilles ? » s'est écrié Prounch. « Les lentilles aussi, ça fait péter ! »

Je me suis demandé s'ils n'exagéraient pas un peu tous les deux.

« Tout de même », ai-je dit, « ils ne vont pas donner des fayots à autant d'élèves s'ils savent que ça fait péter. Ils ne sont pas fous ! »

Brounch a fait la moue ; il avait l'air fataliste.

« On verra. Si c'est des fayots, ce sera des fayots. Et si c'est autre chose, ce sera autre chose. »

C'est logique.

Je savais qu'ils exagéraient. Je commence à me méfier des déclarations de Brounch et de Prounch. Nous sommes entrés dans une grande salle claire où se trouvaient de grandes tables rondes. Nous nous sommes assis à huit par table. Mais d'abord, nous sommes allés prendre un plateau, et dans les compartiments du plateau, une cantinière a placé des radis, de la purée mousseline, deux saucisses (un peu sèches), une part de crème de gruyère et une pêche.

A la table, il y avait du pain et de l'eau. Je me suis assis à la première table, et je me suis aperçu que c'était celle de Drounchette et de ses copines. Alors j'ai rougi et j'ai baissé la tête au-dessus de mon plateau pour que les grounchesses ne me voient pas rougir. Malheureusement, Prounch passait justement derrière moi ; il en a profité pour m'enfoncer la tête dans la purée. Ça a bien fait rire les grounchesses parce que j'avais de la purée partout autour des yeux. Ce Prounch, avec ses plaisanteries, je le déteste !

Et pourtant, il fait rire tout le monde :

« Pourquoi certains ratons laveurs aiment-ils la course à pied ? »

Je vous donne la réponse :

« Parce que ce sont des marathons laveurs ! Hi-Hi-Hi ! »

Sorti de la cantine, je reste tout seul dans un coin de la cour. Je me sens triste et ridicule. Et voilà que les grounchesses s'approchent, sans pitié. Elles rient. Autour de Drounchette, il y a Crounchette, Frounchette et Krounchette. Je baisse la tête, je regarde mes souliers.

« C'était rigolo », dit Frounchette. « Tu avais de la purée plein la figure. »

« Je ne trouve pas ça rigolo », dis-je.

« Pourquoi ? » dit Crounchette.

« Parce que vous vous moquez de moi. »

Alors Drounchette prend la parole, je reconnais sa voix sans avoir besoin de relever la tête.

« Si c'était un autre qui avait eu de la purée sur la figure », dit-elle, « est-ce que tu n'aurais pas trouvé ça amusant ? »

Je réfléchis. J'imagine ce maudit Prounch la

tête enfoncée dans la purée. Ça me console. Je souris.

Je dis : « Oui. »

« Tu vois ! » dit Drounchette. Elle ajoute : « Tu as bon caractère. Je demanderai à mes parents si tu peux venir jouer chez moi. »

Je suis fou de joie. Je relève la tête. Je rougis. Je regarde Drounchette, les autres ne comptent plus, c'est comme si elles n'étaient plus là. Il n'y a plus que Drounchette et moi.

Je m'écrie : « Moi aussi, je demanderai à mes parents si tu peux venir chez moi ! »

Les grounchesses rient sous cape. Elles se concertent à voix basse. Elles sont comme ça, elles font un tas de chichis, et elles échangent toutes sortes de secrets à longueur de récréation. Mais je m'en moque.

Drounchette m'a demandé : « Qu'est-ce que tu veux faire, quand tu seras grand ? Moi je veux devenir médecin, comme papa. »

« Moi aussi, je veux devenir médecin ! »

Je suis transporté de bonheur. Drounchette et moi, nous avons les mêmes ambitions.

Alors elle déclare : « C'est très bien. Nous ferons nos études ensemble. »

Je rougis encore jusqu'aux oreilles. Je ne vois plus qu'elle seule en face de moi, je ne m'occupe plus des autres grounchesses.

Je dis d'un trait : « Et après on se mariera tous les deux. »

Ça m'est venu comme ça. D'un seul coup. Les grounchesses ont éclaté de rire, et elles sont parties en courant et en gloussant dans la cour. Elles répètent ce que j'ai dit à tout le monde, et tout le monde ricane en me montrant du doigt. Je suis malheureux. Je me retourne contre le mur. J'ai envie de pleurer. Je voudrais revoir ma maman.

Brounch vient me retrouver, et Prounch l'accompagne.

«On a bien rigolé à la cantine, hein?» me dit Brounch.

Je riposte: «J'aurais bien aimé te voir à ma place!»

Brounch me console: «Ça arrivera peut-être, tu sais. Un jour ou l'autre, c'est toi qui feras la blague à un autre.»

«Je la ferai à Prounch!» m'écrié-je.

«D'accord», dit Prounch.

Il n'est pas méchant, au fond. Il ricane.

Il me demande: «Est-ce que tu sais pourquoi les chevaux des manèges aiment bien la forêt?»

«Non», dis-je.

«Parce que ce sont des chevaux de bois ! Hi-Hi-Hi ! »

Je ris aussi. Brounch me raconte des histoires de cantine : « L'année dernière – c'est mon frère qui me l'a dit – un élève a fourré une cuillerée de lentilles dans la poche d'une cantinière sans qu'elle s'en aperçoive. Quand elle a mis sa main dans sa poche, tout le monde a drôlement rigolé. Il paraît qu'elle poussait de grands cris. »

Nous rions.

Brounch continue: « Une autre fois, mon frère a lancé un petit-suisse à la figure d'un grounch du cours élémentaire. L'autre l'a dénoncé. »

« Et alors ? »

« Alors mon frère a été puni. »

« C'est quoi, être puni ? »

« C'est être obligé de faire quelque chose que t'as pas envie de faire. »

« Quoi, par exemple ? »

« Eh bien, pour le petit-suisse, mon frère a eu à faire des tours de cour. »

« A pied ? »

« Evidemment ! Tu veux pas qu'il les fasse à bicyclette, non ! »

« En courant ? »

Brounch hausse les épaules. Il a l'air de penser que je ne sais vraiment rien.

« En marchant. Il tournait autour de la cour, les mains dans son dos. Il m'a dit que c'était amusant. Il passait devant des grounches et des grounchesses, puis devant d'autres, puis encore devant d'autres, il voyait tout ce qui se passait dans la cour. Et à chaque nouveau tour, il repassait devant les mêmes. »

« Ça doit être intéressant », dis-je. Je suggère : « Vous voulez qu'on fasse des tours de cour ? Pour voir ? »

Mais Brounch pousse les hauts cris : « Impossible ! On n'est pas punis ! »

« Et après ? »

« C'est réservé aux punis ! Quand tu es puni, tu fais des tours de cour. Si t'es pas puni, t'en fais pas. »

« Et si j'en fais sans être puni, qu'est-ce que je risque ? »

« Ben… heu… Tu risques d'être puni. »

« Et alors ? » dis-je. « Si je suis puni, je ferai des tours de cour. Et c'est ce que je veux faire ! »

J'ai tourné tout seul autour de la cour. Je croisais mes mains dans mon dos, comme Brounch avait dit, et j'arpentais la cour d'un bon pas en rasant les murs. C'était instructif. Je voyais des grounchesses jouer à l'élastique, des grounches jouer aux billes, des grounchesses jouer à la poupée, des grounches jouer à retourner des images en tapant dessus. Et quand j'avais terminé un tour, je recommençais, je retrouvais les mêmes groupes.

Mais la monitrice de surveillance est venue me voir.

« Que fais-tu ? »

Elle souriait.

« Je fais des tours de cour. »

« Qui t'a donné à faire des tours de cour ? »

« Personne. »

« Pourquoi tu les fais ? »

« Pour voir. »

« Ah. Par curiosité ? »
« Oui. »
« Et ça t'intéresse ? »
« Je vois beaucoup de choses. »
« Bon. Amuse-toi bien ! »

Et la monitrice est partie en riant. Elle ne m'a pas puni. Je crois décidément que Brounch a trop tendance à voir tout en noir.

J'ai parlé à Wrounch. C'est le camarade qui ne parle pas le grounch parce qu'il est étranger. Je lui ai demandé d'où il vient.

« Moi Wrounch. Moi venir Wrounchie. Loin. »

« Tu ne parles pas le grounch ? »

Il a fait un geste embarrassé.

« Moi parle wrounch. Moi apprendre grounch. Pas facile. »

J'ai demandé : « Qu'est-ce qu'ils font, tes parents ? »

Il cherche ses mots. Il se gratte la tête. Il prononce les mots un par un : « Moi papa travaille maçon. Faire des maisons. »

Puis il tend le doigt vers moi : « Toi ? Papa ? »

« Mon papa est inventeur. Ma maman est fleuriste. »

Il hoche la tête en me regardant ; il n'a pas compris.

J'explique : « Maman vend des fleurs. FLEURS. Des tas de fleurs de toutes les couleurs dans son magasin. Des roses, des dahlias, du muguet, des œillets, des pivoines, des chrysanthèmes. Des FLEURS. »

Il secoue la tête.

« Fleurs ? » dit-il.

Il ne connaît pas ce mot-là. Je dessine une fleur par terre, du bout du soulier. Le visage du wrounch s'éclaire d'un grand sourire.

Wrounch s'écrie : « Ah ! Wrounchnia ! »

J'ai compris. En wrounch, fleur se dit : « wrounchnia ». Pas facile à prononcer. Je pense que si je devais apprendre le wrounch, je ne serais pas malin en classe moi non plus.

Quand le maître est entré dans la cour, des élèves sont allés le retrouver. Moi aussi. Il a l'air gentil. Il sourit. Il a caressé des têtes, deux élèves lui ont donné la main, et même une grounchesse a tendu la trompe afin de l'embrasser. J'aurais bien fait comme elle, mais moi, je ne suis pas une grounchesse. Quand on est un grounch, ça ne se fait pas.

La sonnerie a retenti. Nous sommes venus nous mettre en rangs devant la porte du préau. Tout à coup, j'ai senti que quelqu'un passait rapidement auprès de moi tandis que je me dirigeais vers les rangs ; c'était Drounchette.

En passant, elle m'a chuchoté : « Moi aussi je me marierai avec toi. »

A peine le temps de me retourner, elle était déjà loin. J'étais fier et désemparé. Les grounchesses me regardaient. Je leur ai tiré la langue à ces chipies. Je leur ai fait un pied de nez.

Le maître m'a dit : « Tu as soif ? »

« Non. »

« Alors ne tire pas la langue. On dirait un chien qui a soif. »

Les grounchesses ont encore ricané. Mais je m'en fous. Drounchette a dit qu'elle se marierait avec moi. Youpiii !

« Qu'est-ce qu'elle t'a dit ? » me chuchote Brounch en montant l'escalier.

« Qu'elle se marierait avec moi », dis-je.

« Méfie-toi. Les grounchesses changent d'avis comme de chemise. »

« Pas Drounchette. »

« Celle-là comme les autres. Elles te font un tas de promesses, elles disent qu'elles sont ta fiancée, mais ce sont des menteuses. »

« Ce n'est pas vrai. »

« Je le sais. J'en connais au moins quatre qui m'ont dit qu'elles se marieraient avec moi déjà. »

« Quatre ? »

« Ouais. »

« Et », demandé-je, « tu leur as demandé de se marier avec toi ? »

« Ouais. »

« Aux quatre ? »
« Ouais. »
« Alors tu es aussi menteur qu'elles ! »
Il secoue la tête.
« C'est pas pareil. »
« Si, c'est pareil ! »

Encore une devinette de Prounch :
« Quel est le contraire d'un éléphanteau ? »
Moi : « Heu… »
Prounch : « Un éléphantard ! Hi-Hi-Hi ! »

Une fois assis en classe, le maître nous a demandé si nous savions écrire notre nom. Personne ne savait. Il a dit que nous allions apprendre.

Brounch s'est retourné vers moi d'un air catastrophé.

« Ça commence mal ! » m'a-t-il murmuré.

« Tu crois ? » ai-je dit.

Prounch a confirmé. Il ricanait : « Tu sais ce que disait le type qui tombait du haut d'un gratte-ciel, en passant devant le cinquième étage ? »

Je ne le savais pas. Prounch a pouffé de rire.

« Il disait : Jusqu'ici ça va ! Hi-Hi-Hi ! »

Mais le maître l'a rappelé à l'ordre, et Prounch s'est calmé. Chaque élève a reçu une grande étiquette à son nom. Le maître nous a invités à la regarder soigneusement. Il nous a demandé de fermer les yeux, d'essayer de retenir la forme des lettres. Puis il a proposé que chacun suive les lettres de son nom avec le doigt. Plusieurs fois.

« Essayez », disait-il, « de refaire les mêmes signes sans regarder le modèle. » Nous les avons refaits, sur la table. Alors le maître a demandé qui voulait essayer d'écrire son prénom au tableau – sans modèle. Beaucoup d'élèves ont levé le doigt. Je suis allé au tableau à mon tour, et j'ai écrit :

GROUNCH

Le maître m'a complimenté. De nombreux élèves ont écrit leur nom au tableau, il était couvert d'écritures. Alors, le maître a ramassé toutes les étiquettes. Il les a dispersées sur son bureau. Puis il a effacé le tableau. Il a prié chacun de venir récupérer son étiquette parmi toutes les autres. J'ai retrouvé la mienne facilement, et les autres aussi, sauf un grounch qui s'affolait : « La mienne n'y est pas ! »

« Je vois », a dit le maître. « Quelqu'un s'est trompé. Il a pris la tienne au lieu de la sienne. »

Le grounch ne savait pas quoi faire. Le maître a dit :

« Promène-toi dans la classe. Si tu repères ton étiquette sur la table d'un camarade, demande-la-lui. »

Le grounch a marché entre les tables. Il a poussé un cri : « La voilà ! »

C'était Wrounch qui s'était trompé d'étiquette. Ils ont fait l'échange. Puis le maître a écrit nos noms au tableau. Quand nous reconnaissions le nôtre, nous devions lever le doigt. Même Wrounch a fini par retrouver le sien.

« Sauriez-vous reconnaître le nom d'un camarade ? » a demandé le maître.

J'ai levé le doigt. Je suis allé au tableau. J'ai montré le nom de Drounchette et j'ai dit : « Drounchette ! »

Les grounchesses se sont mises à ricaner, mais je n'ai pas rougi.

Nous avons écrit sur le cahier. Si vous voulez mon avis, les interlignes sont trop petits. Le maître avait fait des modèles d'écriture au nom de chacun, et à son nom à lui. Il s'appelle Monsieur Mrounch et il ne veut pas qu'on le confonde avec un autre. Il a bien raison. Il y a trop de noms qui se ressemblent : Brounch, Crounch, Drounch, Frounch, Grounch, etc., tout ça se ressemble.

Je lève le doigt et je le dis au maître. Ça lui fait une drôle d'impression. Il ouvre la bouche et il me regarde de côté avec une bizarre lueur d'intérêt dans les yeux ; on dirait un caniche qui vient d'apercevoir un os. Peut-être qu'il n'avait pas remarqué que tous ces noms se ressemblaient tant que ça.

« Précise ta pensée, petit Grounch », me dit-il.

« Je veux dire que si on regarde bien les

noms », dis-je alors, « beaucoup de lettres sont les mêmes. »

Vraiment, il me regarde d'une manière étrange. Puis il secoue la tête, et il dit en plissant les yeux : « Bravo, petit Grounch ! Tu es un malin ! Tu ne tarderas pas à savoir lire si tu continues comme ça ! »

J'espère bien. Je veux être médecin.

Quand j'écris, je tire la langue parce que je m'applique. D'autres élèves tirent aussi la langue mais pas tous. Il y en a qui se curent le nez, d'autres qui se frottent la tête, d'autres qui sucent leur pouce ou se rongent les ongles des mains. Le résultat est le même : chacun fait de son mieux. Même les deux qui tiennent le stylo de la main gauche.

Moi, je regarde mes lignes d'écriture en tenant mon cahier à bout de bras. Je tourne la tête du côté de Drounchette ; elle me montre son cahier. Je hoche la tête pour lui dire que je trouve qu'elle a bien écrit. Je lui montre mon cahier. Elle me fait savoir qu'elle trouve mon travail bien fait également.

Je surprends le regard du maître. Je me sens content d'avoir bien travaillé. Je lui montre mon cahier. Il approuve en abaissant les paupières. Puis il met un doigt sur sa bouche pour me rappeler de ne rien dire. Je souris. Je crois que je l'aime bien.

Prounch nous propose une devinette : « Quelle est la couleur des petits pois ? »

« Vert. »

« Non. Les petits pois sont rouges. Hi-Hi-Hi ! »

Je n'ai pas compris. Il répète : « Les petits pois sont rouges ! Hi-Hi-Hi ! Les petits poissons rouges ! »

Ah ! Oui. J'ai compris. Je la resservirai ce soir à papa. Les petits pois sont verts, les petits poissons rouges. Je me demande tout de même où Prounch va chercher tout ça !

Nous avons fermé les cahiers. Plus tard, il paraît que nous écrirons davantage, et qu'on nous épargne aujourd'hui parce que c'est le jour de la rentrée.

« Tu verras d'ici quelques jours », me souffle Brounch ! « On écrira tant qu'on aura des panaris et des lumbagos ! C'est mon frère qui me l'a dit ! »

« Qu'est-ce que c'est, des panaris et des lumbagos ? »

« C'est quand tu as trop travaillé », me répond Brounch.

« Ton frère en a eu ? »

« Non. Mais il a chopé la varicelle et la rougeole. »

« Parce qu'il avait trop travaillé ? »

Brounch ne sait pas.

Je suis sceptique : « Ce n'est pas de travailler qui donne la varicelle et la rougeole », dis-je. « Je les ai eues quand j'étais petit, et je n'allais pas à l'école.»

Mais Brounch hoche la tête. Il a du mal à me croire. Je pense que son frère est un fainéant.

Prounch ne dit que des sottises:
«Tu sais ce que c'est qu'un orfélin?»
«Je ne sais pas.»
«C'est un tigre qui n'a plus de parents! Hi-Hi-Hi!»

« Etes-vous fatigués ? » demande le maître.

« Oui ! Oui ! » s'écrie Brounch le premier.

Et il nous fait signe de dire comme lui. Je crois qu'il veut éviter de travailler encore.

Alors nous crions : « Oui ! Oui ! »

Le maître fait semblant d'être désolé.

« C'est dommage », dit-il. « J'avais pensé vous emmener en gymnastique. Mais si vous êtes fatigués, nous resterons assis en classe et… »

« Non ! Non ! » s'écrie Brounch.

Et il nous fait signe de répéter avec lui que nous nous sentons en pleine forme. Vraiment, il change d'avis comme une girouette ; je ne comprends plus. Sommes-nous fatigués, oui ou non ?

« On n'est pas fatigués ! » s'écrie-t-il. « On est en pleine forme ! Hein, les grounches ? Dites-le donc, qu'on est en pleine forme ! »

Alors nous répétons que nous sommes en

pleine forme. Le maître rit. Il pose son doigt sur sa bouche, et petit à petit, tout le monde se tait, même Brounch.

« Nous irons en gymnastique si vous êtes silencieux ! » dit le maître.

« Taisez-vous ! Taisez-vous ! » chuchote Brounch avec un enthousiasme que je ne lui connaissais pas.

Je me tourne vers Trounch. « Qu'est-ce que c'est que la gymnastique ? » demandé-je.

Trounch mâchouille. Il fait une moue pour répondre qu'il n'en sait rien et qu'il s'en fout. Celui-là ne s'intéresse à rien.

« C'est quoi, la gymnastique ? » demandé-je à Brounch.

« C'est chouette ! » chuchote-t-il.

Ah bon. Ça ne me renseigne pas. Sauf que le maître est occupé à sortir des ballons du placard, et que tout le monde a l'air content. Alors je suis content moi aussi – sans savoir pourquoi.

Ça se passe dans une salle spéciale, la gymnastique. Une grande salle avec du parquet au lieu de carrelage. Aux murs, je vois des barres de bois comme des échelles : on les appelle des espaliers. (Pas des escaliers.) Sur le sol, des lignes ont été peintes en blanc, en rouge, en jaune, en bleu. Deux panneaux muraux portent des espèces de filets à papillons percés.

« C'est pour jouer au basket », me souffle Brounch.

« Qu'est-ce que c'est, le basket ? »

« C'est un jeu de ballon. »

« Comme le foot ? »

« Oui, mais à la main. On lance le ballon dans le panier. »

Ça a l'air difficile. Et puis je me demande pourquoi les paniers sont percés. S'ils sont percés, ils ne peuvent pas garder les ballons.

« Alignez-vous par deux ! » dit le maître.

Il nous appelle à tour de rôle (il sait déjà nos noms !) pour faire quatre équipes de six élèves. Moi, je suis avec Prounch et Brounch, et c'est Brounch qui est le chef d'équipe. C'est normal, c'est le plus motivé. Il piaffe d'impatience. Au signal du maître, il s'élance et nous le suivons à la queue-leu-leu autour de la salle. C'est rigolo !

« Pas si vite ! » crie le maître.

Brounch ralentit. Des élèves inattentifs se rentrent dedans.

« Ils ont oublié de mettre les clignotants ! » ricane Prounch.

Bientôt, le mouvement s'organise. Le maître prend son sifflet.

« Quand je sifflerai, vous vous arrêterez pile ! Et vous ne bougerez plus ! Faites la statue ! »

Il siffle un coup bref. Tout le monde pile. Il y a des grounches et des grounchesses sur un pied ; ils ont du mal à garder l'équilibre. Un grounch tombe sur le derrière, ça fait rire la classe. Puis le maître siffle un coup long pour donner le signal du départ. Nous nous élançons. Mais à peine sommes-nous repartis qu'il resiffle un coup bref pour nous arrêter net. C'est très rigolo ! Si c'est ça la gymnastique, on a bien fait d'y venir !

Nous sommes alignés sur toute la longueur de la salle. Au signal, nous la traversons, mais pas n'importe comment. Une fois, c'est à reculons, une autre fois c'est pieds joints, une autre fois encore en tourbillonnant, et pour finir sur un pied. Il se produit de nombreuses chutes et la tête nous tourne.

« Maintenant », dit le maître, « faites un grand cercle ! »

Nous nous donnons la main ; il y a intérêt à faire vite parce que Brounch se met en colère si on traîne. S'il travaillait en classe avec autant d'acharnement qu'il en met à la gymnastique, il saurait lire dans huit jours !

« Vous allez inventer des déplacements », dit le maître. « L'un de vous ira voir un ou une camarade en se déplaçant d'une façon. Le ou la camarade visité(e) se déplacera à son tour vers un ou une troisième, mais d'une autre façon. Je ne veux pas voir deux fois le même déplacement. Prêts ? »

C'est Brounch qui commence. Il fonce droit devant lui à quatre pattes jusqu'à un garçon frisé qui s'appelle Srounch. Puis il s'assied à la place de Srounch, tandis que celui-ci s'en va voir Prounch en marchant les jambes raides comme un robot, pour changer. Alors, il s'assied à la place de Prounch, et Prounch va vers Trounch en sautillant.

« N'oubliez pas les grounchesses ! » rappelle le maître parce que les grounches ne vont voir que des grounches.

Peine perdue. Trounch vient vers moi en se déplaçant les jambes écartées. Il s'assoit à ma place. Moi, je m'élance en marchant comme Charlot et je fais semblant de faire tourner une canne imaginaire, et je fais rire tout le monde. Je vais droit vers un grounch moi aussi, mais soudain, je pivote, je cherche Drounchette. Je vais vers elle. Je vois qu'elle est contente.

Mais les autres grounchesses, ces chipies, font des remarques à voix haute :

« Forcément ! C'est son amoureux ! »

« Ah », dit le maître.

Toutes les grounchesses crient comme des pies : « Oui ! Oui ! Il a dit qu'il se marierait avec elle ! »

« J'espère qu'ils m'inviteront à la noce », dit le maître. « Parce que je suis gourmand de pièce montée ! »

Ça fait rire tout le monde, mais les chipies se taisent. Moi, j'inviterai le maître – si Drounchette veut bien.

Nous jouons à nous regrouper, c'est amusant. Nous nous promenons dans le gymnase, et quand le maître siffle deux coups, ou trois coups, ou quatre coups, il faut se regrouper par deux, par trois ou par quatre, etc. Ceux qui ne vont pas assez vite sont éliminés. C'est très amusant. Tout le monde se bouscule et s'agrippe ou se repousse. Moi, je suis resté avec Brounch parce que c'est lui le plus fort de la classe, et nous avons gagné. Faut toujours être avec le plus fort.

Nous avons fait des exercices de quadrupédie sur les tapis. Nous courions à quatre pattes en avant, en arrière, nous nous mettions sur le dos, sur le côté : nous avons même fait des galipettes, le maître appelait ça des roulades. Certains grounches et certaines grounchesses étaient plus raides que des manches de pioches, ils soulevaient péniblement le derrière, mais retombaient sur le côté comme des sacs de pommes. Il y en a même un qui est resté un bon moment les deux jambes en l'air à pédaler dans le vide ; on aurait juré qu'il n'arrivait pas à décider de quel côté il allait retomber. Finalement, il s'est aplati sur le dos comme une crêpe. Il nous a fait rire.

« Il est aussi souple qu'un chien de plomb », a dit Brounch.

Après, nous avons fait plusieurs jeux de passes avec les ballons. Certains élèves avaient peur ; ils tendaient les mains devant eux pour empêcher les ballons d'arriver jusqu'à eux, au lieu d'essayer de les attraper.

« C'est des *boules* mouillées », a dit Brounch avec mépris.

Je crois qu'il voulait dire *poules* mouillées, mais j'ai préféré ne pas le corriger, parce qu'en gymnastique, c'est lui le plus calé. C'est sûrement lui qui a raison.

Nous nous sommes séparés en deux camps face à face. Il fallait renvoyer des ballons dans le camp ennemi. C'était le camp qui avait le moins de balles quand le jeu se terminait qui avait gagné. Le maître comptait à voix haute jusqu'à 50. Nous avons gagné, grâce à Brounch. Alors je suis resté dans son camp pour faire une partie de balle au prisonnier. Il est fort. Ceux qu'il vise, il les touche toujours. Dans l'autre camp, les grounches et les grounchesses protestaient ; le maître a déclaré que la prochaine fois les équipes seraient mieux équilibrées, et que d'autres élèves bons en sport (comme Wrounch ou Srounch, par exemple) ne seraient plus dans le même camp que Brounch. En attendant, nous avons gagné la partie et nous avons poussé des cris de victoire.

Drounchette était dans l'équipe perdante. Elle m'a dit d'un petit air pincé : « Vous avez gagné grâce à Brounch. »

« J'aurais bien voulu être dans le même camp que toi », ai-je répondu.

« C'est pas ça qui nous aurait fait gagner », elle a répliqué.

Ce n'était pas très gentil. Nous sommes allés remettre nos vêtements, et nous sommes sortis en récréation. Il faut bien que les maîtres se reposent, comme dit Brounch.

Encore une blague de Prounch, hi-hi-hi!

«Pourquoi le roi d'Angleterre porte-t-il des bretelles rouges?»

«Je ne sais pas.»

«Pour tenir son pantalon! Hi-Hi-Hi!»

C'est malin!

Je me promène dans la cour. Je regarde des grounches jouer aux images. C'est un jeu bizarre : on pose une image par terre et on tape dessus de plus en plus fort pour la retourner. Celui qui la retourne la gagne. Malheureusement, les images retournées sont abîmées, vu que les joueurs les plient pour faire circuler l'air par-dessous. Ils doivent se faire mal aux mains parce qu'ils frappent comme des brutes. Je me demande quel est l'intérêt de gagner des images abîmées. Moi, mes images, j'aime mieux les garder belles.

Et voilà que deux grounches qui jouaient aux images se mettent à crier. L'un prétend que l'autre a triché, l'autre jure que le premier ment. Ils se lancent des mots que je ne connais pas, mais qui n'ont pas l'air amicaux. En plus, ils s'empoignent par le col et le premier envoie un coup de poing au second tandis que le second lui donne un coup de pied. Ils crient «aïe» tous les deux et se jettent l'un sur l'autre; ils se bourrent de coups de poing, de pied, ils se lacèrent de coups de griffes, ils se giflent, ils se mordent même.

Toute la cour est rassemblée autour d'eux et crie pour les exciter. C'est terrible. Je suis bousculé par les grands, et rejeté derrière le cercle des curieux. J'ai juste le temps de voir une maîtresse de surveillance arriver en trottinant. Elle fend les rangs avec énergie et crie plus fort que les bagarreurs. Je la vois revenir en remorquant les deux grounches par les bras. Elle demande ce qui s'est passé, et ils recommencent à s'insulter en disant que c'est l'autre qui a commencé. Elle les met au piquet tous les deux dans le préau pour les calmer. Je n'aurais jamais cru qu'on puisse se massacrer comme ça pour des images chiffonnées.

« C'est les grands », me dit Brounch d'un air fataliste. « Ils se battent tout le temps. Tu n'as qu'à regarder autour de toi, c'est toujours les grands qui se battent, et quand ils grandissent encore et deviennent des hommes, ils se battent dix fois plus. Regarde la télévision ! Il y a des guerres partout dans le monde ! »

Si c'est ça, moi je ne veux pas grandir.

On a joué à tape-tape avec des grounches et des grounchesses de la classe. Celui qui était touché devait poursuivre les autres et en toucher un. J'ai été touché deux fois, mais j'en ai attrapé deux autres facilement. Il paraît que je cours vite, c'est Brounch qui me l'a dit et ça m'a fait plaisir. Il m'a proposé une association.

« T'es le plus malin de la classe, et moi je suis le plus costaud », m'a-t-il dit. « A deux nous serons imbattables. »

Je l'aime bien, malgré son pessimisme.

Quand la sonnerie a retenti, nous nous sommes remis en rang. Je me suis mis avec Brounch, parce que je trouve que Trounch n'est pas intéressant. Il mange tout le temps des bonbons et n'a aucune conversation. On dirait que rien ne le concerne. Il ne lève pas le doigt en classe. J'aime mieux Brounch, même s'il est turbulent, parce qu'il bouge. Il est vivant. Derrière nous, deux grounchesses avaient ramassé des poignées de feuilles jaunies. J'ai regretté de ne pas les avoir imitées.

Je leur ai demandé : « Elles sont très jolies ; c'est des feuilles de quoi ? »

« Des feuilles d'arbres », m'a répondu une grounchesse qui avait des anglaises.

Quelle nigaude ! Je vois bien que ce ne sont pas des feuilles de papier.

« D'accord », ai-je dit. « Mais des feuilles de *quels* arbres ? »

Les grounchesses n'en savaient rien.

«Ce sont des feuilles de platane», a dit tout à coup Monsieur Mrounch, le maître d'école. «Il y a aussi des feuilles d'acacia et de marronnier. Nous les dessinerons. Est-ce que tu t'intéresses aux arbres, petit Grounch?»

J'ai dit que oui.

«Pourquoi?»

«Parce qu'ils sont jolis. Je trouve qu'il n'y en a pas assez en ville.»

«Tu voudrais connaître le nom des arbres?»

«Oh oui!»

D'autres élèves voulaient également les connaître. Le maître a dit: « Alors, apportez en classe des feuilles d'arbres, et nous chercherons ensemble de quels arbres elles proviennent. »

Nous sommes montés en classe. Prounch m'a chuchoté: « Hi-hi-hi! Tu sais ce que c'est, des feuilles de poteaux électriques ? »

J'ai dit que non.

« Des factures d'électricité! Hi-hi-hi! »

Il ne prend vraiment rien au sérieux, celui-là.

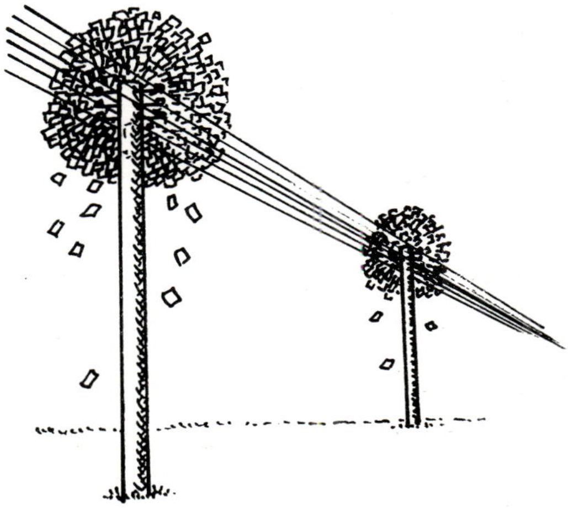

En entrant en classe, nous avons trouvé des dés à jouer, des dominos et des cartes sur nos tables. Comment étaient-ils venus là ?

« Je n'en sais rien », m'a répondu Brounch.

Moi, je devine qu'il m'a raconté des histoires en prétendant que les récréations sont faites pour que les maîtres aillent boire un café. C'est sûrement Monsieur Mrounch qui a distribué les dés, les dominos et les cartes à jouer pendant que nous jouions dans la cour. Décidément, je devrai me méfier de Brounch. Il est sympathique, mais il ne regarde jamais plus loin que le bout de sa trompe. Et la trompe, ça trompe, comme dit mon papa. Faut regarder plus loin.

« Nous allons faire des mathématiques », a annoncé le maître.

Il nous a demandé de lancer le dé sur la table – pas par terre.

Il nous a demandé de dire notre score.

Certains avaient fait *un*, d'autres *deux,* etc., jusqu'à *six*. Moi j'avais fait *quatre.* Il nous a demandé qui avait le plus gros score. Facile. Puis il nous a demandé qui avait le meilleur score, de Wrounch qui avait fait *trois* et de Zrounch qui avait fait *deux*. Il a demandé quelle était la différence. Facile. Puis il a comparé des scores plus éloignés, par exemple celui de Trounchette et celui de Prounch qui avaient fait *deux* et *cinq.* Il a demandé la différence. Il nous a invités à observer les faces du dé. Il nous a demandé de les dessiner sur l'ardoise. Quand il tapait dans ses mains, nous levions les ardoises, et il nous disait si c'était bon. *(Quand il tapait dans ses mains, Prounch disait qu'il venait d'écraser une mouche, hi-hi-hi !)* Comme des élèves s'étaient trompés en dessinant le *cinq* et le *six*, il en a envoyé un au tableau. Nous sommes tous allés au tableau ensuite dessiner des dominos et des cartes à jouer. Après, c'est le maître qui a dessiné très vite des *un, deux, trois, quatre, cinq, six* au tableau, et l'élève interrogé devait dire très vite ce qu'il voyait : *un, deux, trois, quatre, cinq* ou *six*. Il fallait reconnaître très vite la face du dé dessinée, car le maître l'effaçait aussitôt. Tout le monde a réussi. Alors le maître a distribué des cahiers neufs. Notre nom était sur la première page. Nous avons dessiné des faces du dé, puis les dominos double-*un*, double-*deux,* double-*trois,* et des cartes à jouer. Tout en bas de nos pages, le maître avait lui-même tracé vingt-quatre croix. Il nous a demandé de faire des paquets de six, pour voir combien cela ferait de paquets. Cela en faisait quatre, comme en gymnastique. C'est rudement facile, les mathématiques !

C'était presque l'heure des mamans. Le maître nous a proposé de nous lire une histoire. Tout le monde était content, même Trounch. Nous nous sommes assis bien droit pour être attentifs. Le maître a commencé la lecture. C'était une sacrée histoire d'un petit grounch qui avait six frères, et qui habitait la forêt. Ses parents étaient bûcherons et coupaient le bois à la hache, car à cette époque-là, il n'y avait pas de tronçonneuses. La famille était très pauvre, elle n'avait pas de pain à manger, ni de gâteaux. Un jour, le père et la mère emmenèrent leurs sept enfants au fond de la forêt pour les perdre ; ils voulaient les abandonner parce qu'ils n'avaient rien à leur donner à manger. Mais le petit grounch avait entendu les parents parler de ça la veille. Il jeta des petits cailloux le long du chemin, si bien qu'il ramena ses frères à la maison. Alors les parents recommencèrent. Et la seconde fois, le petit grounch n'avait pas de cailloux; il jeta par terre des miettes de pain – que les oiseaux mangèrent. Moi, je ne comprenais plus rien: ils disaient qu'il n'y avait plus rien à manger et ils jetaient le pain par terre. C'est bizarre. Sûrement, le maître se trompait. Attendons la suite. Voilà les sept grounches perdus. La nuit tombe. Ils ont peur. Ils arrivent à la cabane d'un énorme grounch qu'on appelle un ogre. C'est l'ogresse qui les reçoit; il paraît qu'elle est gentille. Je me demande comment elle fait pour vivre avec un ogre méchant; elle n'a qu'à divorcer. L'ogre disait, en reniflant: « Ça sent la chair fraîche ! » mais l'ogresse répondait que non. Alors les sept petits grounches sont allés au lit sans regarder la télévision, car il n'y avait pas la télévision à cette époque-là, et ils se sont couchés en gardant leur bonnet sur la tête. C'est bizarre. Et ce que je trouve encore plus bizarre, c'est que les grounchesses de l'ogre dormaient à côté avec des couronnes sur la tête: ce n'est pas confortable. Enfin bref.

L'ogre a dévoré ses grounchesses dans l'obscurité, parce que le petit grounch avait échangé les bonnets contre les couronnes. Cet imbécile d'ogre n'a même pas remarqué que les grounchesses avaient de longs cheveux, tandis que les grounches les portaient très courts. Tout de même ! Des grounches et des grounchesses, ce n'est pas pareil ! Alors le petit grounch et ses frères se sont sauvés. Et l'ogre, à son réveil, a constaté qu'il avait mangé ses enfants. Il était furieux. Il a chaussé ses bottes de sept lieues (dans cette histoire-là, tout va toujours par sept). Il a eu vite fait de rattraper les sept grounches. Mais je ne comprends pas comment, puisqu'il faisait des enjambées si longues. A mon avis, ou bien il les dépassait, ou bien il n'arrivait pas jusqu'à eux. Toujours est-il qu'il s'est couché par terre pour dormir parce qu'il était fatigué ; mais c'est stupide. Puisqu'il faisait des pas de géant, il était forcément moins fatigué que les sept grounches. Ce sont eux, au contraire, qui auraient dû se coucher, et pas lui. Mais évidemment, si les sept grounches avaient été couchés et pas lui, ils n'auraient pas pu lui retirer ses bottes. Ça arrangeait l'histoire, que ce soit lui. Le petit grounch a volé les bottes, je me demande comment. Il est allé à la cour du roi et il a porté son courrier, il est devenu riche. Je me demande comment aussi : le facteur qui passe à la maison n'est pas si riche que ça. Bref, les sept frères sont revenus chez leurs parents. Le maître ne nous a pas dit ce que l'ogre et l'ogresse étaient devenus. Peut-être qu'il ne le savait pas. N'empêche que c'était une belle histoire. Tout le monde l'a aimée, même Trounch. J'ai remarqué qu'il n'avait pas sucé de bonbons pendant que le maître la racontait. (Il s'est empressé d'en mettre un dans sa bouche dès que la lecture a été terminée.)

C'était l'heure. Le maître a demandé si quelqu'un voulait dessiner l'histoire, ce soir, à la maison. J'ai levé le doigt. D'autres aussi. Il nous a distribué des feuilles, elles étaient préparées sur son bureau. Je crois qu'il savait d'avance que nous voudrions dessiner. Comment le savait-il ?

« Il sait tout », m'a chuchoté Brounch d'un air désabusé.

Mais je ne le crois pas. C'est impossible. D'accord, il en sait sûrement beaucoup. Mais pas tout. Je crois qu'il savait que nous aimerions bien son histoire, parce qu'il l'a aimée avant nous. En tout cas, je vais la dessiner. J'ai mon idée. Je ferai une belle forêt verte avec de grands arbres. J'y mettrai les sept petits grounches et la cabane de l'ogre. Et je donnerai le dessin à Drounchette.

Nous faisons les sacs. Nous allons revoir les mamans. Nous nous mettons en rang par deux, je suis avec Prounch. Pour une fois, il n'a pas d'histoire à raconter. Nous avançons. Nous descendons l'escalier. Je suis content de revoir maman. Le maître nous fait traverser la cour, et nous atteignons la porte de sortie. Alors une grounchesse tend les bras au maître pour lui dire au revoir. Il l'embrasse. D'autres grounchesses s'approchent. Il les embrasse aussi.

Alors je fais demi-tour, parce que j'étais presque sorti, et j'y vais aussi. Je lui tends les bras. Je ne vois pas pourquoi il n'y en aurait que pour les grounchesses !

Maman m'attendait dans la rue avec un grand sourire. Elle m'a serré très fort contre elle, et m'a embrassé. Elle m'a donné un gâteau. Je me suis retourné, et j'ai vu Drounchette qui s'en allait avec sa maman. Je lui ai fait au revoir, et elle m'a répondu.

« C'est une petite camarade ? » a demandé maman.

« Oui. Et quand je serai grand, je me marierai avec elle. »

« Tu as raison », a dit maman. « Elle a l'air gentille. »

Nous sommes partis, maman et moi. Elle portait mon cartable et je me suis mis à lui raconter ma journée ; je lui parlais de mon copain Brounch, je voulais lui montrer tout de suite que je savais écrire mon nom et dessiner les dés jusqu'à *six*.

« Ce soir, ce soir », disait maman.

Elle souriait. Elle m'a raconté que papa venait de faire une nouvelle invention ; il s'agit d'une guitare électrique sans cordes, pour ne pas faire de bruit. Il paraît qu'il a déjà vendu le dessin de son invention à une revue humoristique.

« Justement ! » ai-je dit. « Il faut que je fasse moi aussi un dessin ce soir ! Je vais dessiner le petit grounch et ses frères avec l'ogre ! Et je te le donnerai ! »

Puis j'ai réalisé que je venais de proposer mon dessin à maman alors que j'avais pensé en faire cadeau à Drounchette. Problème. Il faudrait que je fasse deux dessins. C'est dur d'aimer deux sourires à la fois. Bah. Je m'y ferai. Un peu de travail et tout se passera bien. Et je crois que j'aime bien le travail.

« Quand je serai grand », dis-je en mangeant mon gâteau, « je serai médecin. Je soignerai les gens. »

« Bonne idée », dit maman. « Mais ne parle pas la bouche pleine. »

Je finis de manger. Je repense à l'école. Je souris. Je repense aux camarades, à Trounch qui mange, à Wrounch qui ne parle pas le grounch, à Prounch qui raconte des blagues, à Brounch fort en *gym,* à Drounchette qui est si jolie, au maître, à la cantine. Je me vois dans la purée. Je souris.

Maman me demande : « A quoi penses-tu, petit Grounch ? »

« A l'école. »

Je suis bien content ; j'y retourne demain.

3

Du même auteur, à *l'école des loisirs*

Dans la collection *Mouche*

Mouche et la mère Podcha
Mouche et la sorcière
Mouche et la vieille aux cheveux rouges

Petit Grounch à l'école
Petit Grounch fait du théâtre

Du même auteur à *l'école des loisirs*
Dans la collection *Neuf*

Série des « *Enfantastiques* » :
Ça alors !
Impossible !
Pas de panique !
Saperlipopette !
Allons bon !
Et voilà le travail
Quelle affaire !
Mille sabords !
Formidiable !
T'occupe !
C'est enfantastique !
Bizarre bazar !

Série *Contes et Jeux littéraires* :
Les sorcières sont N.R.V.
Les contes du miroir
Le métro méPAStro
La marmitEnchantée
Moi pas grand, mais moi malin
Les sept sœurs Sapins
Le rhinocérossignol et le coca-koala
Petit Homme et les princesses

Du même auteur, à *l'école des loisirs*

Dans la collection *Médium*

Lumières noires
Moteur !